GUIDE DE L'ÉLECTEUR

LES PARTIS

DEVANT LE SCRUTIN

Légitimistes, Orléanistes,
Bonapartistes, Républicains conservateurs, Radicaux.

PAR

LE Dr A. LACÔTE

A DUN-LE-PALLETEAU (CREUSE.)

Électeurs,
Si vous voulez la résurrection de la France
raisonnez votre vote.

PARIS

CHEZ ERNEST LEROUX, LIBRAIRE-EDITEUR

28, RUE BONAPARTE, 28

—

A GUÉRET

CHEZ Mme VEUVE BETOULLE

—

1876

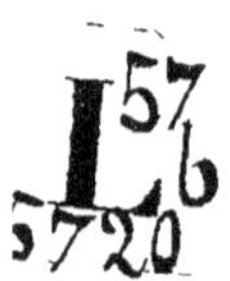

GUIDE DE L'ÉLECTEUR

LES PARTIS DEVANT LE SCRUTIN

TYPOGRAPHIE EUGÈNE HEUTTE ET Cᵉ, A SAINT-GERMAIN.

GUIDE DE L'ÉLECTEUR

LES PARTIS

DEVANT LE SCRUTIN

Légitimistes, Orléanistes,
Bonapartistes, Républicains conservateurs, Radicaux.

PAR

LE Dr A. LACÔTE

A DUN-LE-PALLETEAU (CREUSE.)

Électeurs,
Si vous voulez la résurrection de la France
raisonnez votre vote.

PARIS

CHEZ ERNEST LEROUX, LIBRAIRE-ÉDITEUR

28, RUE BONAPARTE, 28

—

A GUÉRET

CHEZ Mme VEUVE BETOULLE

—

1876

INTRODUCTION

Raconter les luttes et les progrès de la Démocratie depuis l'immortelle Déclaration des droits de l'homme, ce serait écrire, non pas toute l'histoire de notre pays, mais la plus grande partie, pendant cette période si agitée de quatre-vingts ans.

Le travail restreint que nous soumettons aux électeurs a pour but d'indiquer les aspirations libérales et démocratiques où doivent tendre tous les citoyens dans un pays de suffrage universel, dans un moment où la France, librement consultée dans des élections générales, va faire entendre sa grande voix et donner son avis sur la direction des affaires publiques.

La question qui domine, à l'heure actuelle, est de savoir enfin si nous serons une nation libre et fortement organisée. Je dirai même que c'est une question d'existence nationale.

Les cruelles épreuves des dernières années ont diminué considérablement la puissance, le prestige et la gloire de la France, et si elle se préparait de nouvelles aventures, elle courrait grand risque d'être livrée à l'anarchie ou d'être absorbée par les États voisins.

Ce que nous avons voulu mettre en relief, c'est l'hypocrisie politique qui dégrade. Si des adversaires loyaux méritent l'estime, les ennemis qui se cachent dans vos rangs, pour mieux vous frapper, ne sont dignes que du mépris.

Que l'honnêteté brille au premier rang dans la vie publique ! Que les électeurs sachent bien où veulent les conduire ceux qui se présentent à leurs suffrages, qu'ils raisonnent eux-mêmes leurs votes, et surtont qu'ils ne se laissent pas duper par des artifices de langage et par des programmes équivoques.

Tel est le but que nous nous sommes proposé. Heureux si nous avons pu l'atteindre !

GUIDE DE L'ÉLECTEUR

LES PARTIS DEVANT LE SCRUTIN

LES LÉGITIMISTES

Nous sommes là en présence de l'histoire : ce parti n'existe pas, pour ainsi dire, dans le peuple ; aussi devons-nous en parler avec le respect dû à ce qui n'est déjà plus.

Les légitimistes sont à plaindre, ils sortent d'un rêve. Dangereux autant que ridicules, que deviendrait la France et le peuple français, s'ils arrivaient au pouvoir ! En vérité, je vous le dis, ils rêvent, ils rêvent toujours !

Ils se croient encore au bon vieux temps féodal où le peuple, docile et non émancipé, portait la double dîme à eux et au clergé. Ils ont, dans leur songe, des hallucinations sur leur toute-puissance évanouie, et, tout entiers à cette sensation sans perception, ils n'entendent ni ne voient plus rien, ni la chute des trônes, ni le bruit des usines, ni les sifflets des locomotives, ni la marche progressive des idées, ni la pensée émancipée, ni les justes réclamations du public. Complétement étrangers au mouvement et à la vie moderne, semblables à des revenants, ils regardent stupéfaits, ne comprennent pas, ni ne veulent comprendre.

Ils vivent cependant ; on les voit s'agiter, on les entend discourir sur leur bien-aimé roy Henri V, sur la gloire et les vertus des anciens rois, sur la puissance et la grandeur de la France lorsqu'elle était à la merci d'un seul homme ; on les voit en procession, tantôt sur la route de Frohsdorf, tantôt sur celle d'Anvers, ou bien en pèlerinage à Paray-le-Monial, à Lourdes ou à la Salette, etc. ! Dans leurs chants, ils font passer le salut de Rome avant celui de la France.

La Révolution de 1789 attire toutes leurs malédictions. Ils n'acceptent point l'affranchissement du peuple ; ils cherchent à porter atteinte au suffrage universel, à le supprimer totalement ; ils voudraient étouffer toute vie publique, tout progrès, presse, industrie, science, philosophie, et toutes ces inventions modernes qui sont ruses de Satan destinées à perdre le genre humain. L'instruction, la libre pensée, la discussion des idées au grand jour, sont choses dangereuses, le peuple doit ignorer ; il est, disent-ils, plus facile à mener ; l'aveugle, en effet, suit docilement la main qui le guide, serait-ce même dans un précipice.

Pour eux, la liberté est une monstruosité, un abus; l'égalité une chimère et la fraternité une utopie. Pour que tout aille bien, il faut que le peuple soit gouverné par le roi, des nobles, des prêtres et, comme assaisonnement, par cette multitude de moines, moinesses et moinillons de toute couleur et par la légion des jésuites.

Supposons, pour un instant, que le roy Henry V arrive. Sur sa route, toutes les cloches carillonnent à grande volée, le clergé se met en mouvement, les jeunes filles, vêtues de blanc, lui jettent des fleurs et chantent des cantiques. On le conduit à Reims et on le sacre roi. Son règne sera-t-il tranquille? Assurément, non ! l'histoire ne nous enseigne-t-elle pas que, du jour où il y a paix, gloire et honneur au château, il y a par contre misère, ignorance à la chaumière ! Est-ce que ce cortége de mœurs antiques, est-ce que le principe du droit divin est compatible avec la vie moderne? Est-ce que le fracas terrible de la Révolution est déjà si loin de nous que nous n'en entendions plus les échos? Est-ce que nous ne nous rappelons plus ce qu'ont fait nos pères pour conquérir leur affranchissement? Leur exemple est proche et certes nous pourrions l'imiter.

Cherchons à expliquer ce qu'est le principe de droit divin, et quél gouvernement en découle.

« C'est un principe en vertu duquel le parti clérical, la noblesse et certaine famille d'essence supérieure à l'humanité, possèdent, *de par la grâce de Dieu*, à titre héréditaire et à perpétuité (quand même le possesseur serait fou) la tutelle de la propriété des nations, qui par conséquent sont toujours mineures. »

Le gouvernement est absolu, sans contrôle, les peuples sont faits pour les rois, ils sont leur patrimoine, leur propriété. La loi, c'est le bon plaisir ; la justice, c'est celle du roi. Tel est cet axiome de droit divin : si veut le roi, si veut la loi. C'est en vertu de ce principe que Louis XIV, la plus brillante personnification du régime de royauté absolue, une cravache à la main, entra dans le Parlement, qui conservait une ombre d'indépendance, cassa ses arrêts et s'écria avec orgueil ; « L'État c'est moi ! » Avant lui, Marie de Médicis avait dit : « Le roi ne doit compte de ses actions qu'à Dieu. » Et si des sommets du pouvoir, nous descendons jusqu'au frétin de la légitimité, nous trouvons le même principe avec toutes ses conséquences. N'avons-nous pas vu un des députés de la Creuse, professant le dogme de la souveraineté absolue, répondre, lui mandataire, aux plaintes légitimes de ses mandants, en termes cavaliers qu' « Il ne relève que de Dieu et de sa conscience. »

Eh bien ! citoyens électeurs, vous qui aviez choisi cet homme pour vous représenter, vous vous croyiez le droit de soumettre des observations à votre mandataire ? Pas du tout ! La logique inflexible le veut ainsi. Ce gentilhomme est de trop haute lignée pour condescendre à expliquer ses votes et sa conduite à d'autres qu'à Dieu et à sa conscience, c'est-à-dire à lui-même.

Cette doctrine se résume ainsi : « Le roi est tout, le peuple n'est rien. » Dieu le veut ainsi ; et cependant, comme le disait Siéyès en parlant du Tiers État, c'est-à-dire du peuple : Qu'est-il ? — Rien ! — Que devrait-il être ? — Tout.

Mais écoutons une parole célèbre qui ne peut être taxée d'exagération.

« La doctrine des légitimistes est de croire que Dieu fait les rois, et établit les maisons régnantes, et cela par hérédité, de mâle en mâle et d'aîné en aîné.

« Le prince doit être aimé comme un bien public, on lui doit obéissance par principe de religion et de conscience.

« Un homme de bien préfère la vie du prince à la sienne.

« Les gens de bien regardent la mort du prince comme un châtiment de Dieu sur tout le peuple (sic). (*Est-ce assez joli ?*)

« Le prince doit employer son autorité pour détruire les fausses religions et les rois de France ont une obligation particulière à aimer l'Église et à s'attacher au Saint-Siége.

« Les rois ne doivent rien entreprendre sur les droits et l'autorité du sacerdoce.

« On doit toujours voir auprès des rois un conseil de religion. »

Ainsi s'exprimait le grand Bossuet, l'aigle de Meaux, lorsqu'il enseignait à son royal élève le Dauphin les droits et les devoirs d'un roi.

Ces idées veulent dire : les rois sont d'une autre nature que nous ; la liberté de conscience n'existe pas ; la guerre doit être déclarée à tous les peuples ayant une religion différente de la nôtre ; la capitale de la France est Rome ; le pape dirige le roi, et le clergé est là pour surveiller l'exécution des ordres du pape.

L'histoire a enregistré les faits lamentables et funestes qui en ont été les conséquences : les croisades, les guerres de religion, les massacres de la Saint-Barthélemy, les dragonnades, la révocation de l'édit de Nantes, ces perpétuelles invasions en Italie, qui en ont fait le champ de bataille de l'Europe, et cette politique funeste, qui a dominé encore de nos jours, de sacrifier les intérêts de la France à ceux de la papauté.

Au XIX⁰ siècle, il y a à peine cinquante ans, le grand prosateur de la Restauration, Chateaubriand, l'appui et le conseil de la royauté, glorifiant Louis XVIII et la charte de 1814, disait :

« Le roi ne doit compte de sa volonté et de ses actions qu'à Dieu.

« Il est le chef ou l'évêque extérieur de l'Église gallicane.

« Il est le père de toutes les familles particulières en les rattachant à lui par l'instruction publique ; seul il rejette ou sanctionne la loi ; toute loi émane donc de lui ; il est donc souverain législateur (sic).

« Il s'élève même au-dessus de la loi, car lui seul peut faire grâce et parler plus haut que la loi (sic) ; seul il nomme et déplace les ministres, à volonté, sans opposition, sans contrôle ; toute l'administration découle donc de lui, il en est le chef suprême.

« L'armée ne marche que par ses ordres et seul il fait la paix ou la guerre.

« Ainsi le premier, dans l'ordre religieux, moral et politique, il tient dans sa main les mœurs, les lois, l'administration, l'armée, la paix et la guerre.

« S'il retire cette main royale, tout s'arrête ; s'il l'étend, tout marche.

« Il est si bien tout par lui-même, qu'ôté le roi, il n'y a plus rien. »

Voilà un véritable programme politique, et je doute fort qu'il se trouve un seul vrai légitimiste qui ne le signerait pas des deux mains.

Dans tout cela, peuple, qu'es-tu, que deviens-tu? Cependant, c'est toi qui payes l'impôt, entretiens la cour et ses courtisans, suffis à ses plaisirs, verses ton sang sur les champs de bataille, inondes ton front de sueur pour leur bâtir des palais, fouilles la terre pour en retirer les richesses de toute sorte ; de temps à autre, si la magnificence royale te donne un os à ronger, tu dois être content; et on dit bien haut : Le peuple français fut le peuple le plus heureux de la terre lorsqu'il fut fidèle à ses rois.

Les légitimistes prétendent que l'origine du droit divin a sa source dans les saintes écritures, dans la tradition historique et dans le fondement de la loi morale. Cela est faux, l'écriture nous dit que Moïse annonçant un roi aux Israélites leur indique que cette institution émanera *de la volonté du peuple ;* plus tard les Francs élisaient leur chef, leur roi; dans une élection, il n'y a rien de divin.

On peut dire des partisans de la légitimité que nobles, prêtres, jésuites ont accaparé Dieu pour le monopoliser et surtout en tirer profit.

Toujours confinés dans leurs antiques idées, toujours aussi hallucinés, ils ne voient même pas que les trônes de l'Europe ne sont pas occupés par des monarques de droit divin :

L'empereur de Russie est un hérétique ; l'empereur d'Allemagne un luthérien; la reine d'Angleterre une protestante; le roi d'Italie un excommunié.

Quel enseignement s'ils voulaient ouvrir les yeux !

Ils verraient que dans un pareil milieu, le droit divin de Don Carlos d'Espagne et celui d'Henri V de France se trouvent singulièrement dépaysés, et que leurs prétentions ne recevront pas satisfaction.

Cependant, soyons justes, rendons hommage à la loyauté du dernier représentant du droit divin. Lorsque les députés de l'extrême droite allèrent le trouver à Frohsdorf dans le courant de 1873, il ne voulut entendre aucune parole de transaction ; il se présenta avec son principe et dit tout d'abord : que la France m'appelle et je la gouvernerai; n'attendez de moi aucune concession, mon drapeau blanc à fleurs de lys d'or sera celui de la France.

Cette démarche émut toute la France ; les journaux insérèrent une multitude de protestations contre l'ancien régime dont on nous menaçait, si bien que nos députés eurent peur et qu'Henri V se décida à bien vouloir ne pas venir gouverner la France; ce dont, d'ailleurs, les véritables patriotes lui savent beaucoup de gré.

Eh bien! qu'Henri V finisse ses jours en repos, qu'il ne vienne pas occuper un trône aussi agité que celui de France. Depuis Louis XVIII aucun monarque n'est mort aux Tuileries, tous ont pris le chemin de l'exil. La royauté de droit divin est bien morte; jamais on ne verra le drapeau blanc flotter sur nos monuments. Ce qu'il représente, c'est-à-dire le passé, est trop inconciliable avec le grand courant démocratique qui entraîne les peuples vers la république avec une force irrésistible.

D'ailleurs, pour des esprits non prévenus, pour des personnes qui n'ont aucun attachement de famille ou aucun contact de près ou de loin avec le clergé, la légitimité est jugée depuis longtemps.

Aux prétentions du *droit divin*, la philosophie a appris au peuple à opposer les principes du *droit humain*.

Car si le droit divin exige l'obéissance au nom du bon plaisir, le droit humain répond : j'ordonne le respect des lois, mais des lois égales pour tous les citoyens.

Le droit divin dit : Soyez ignorants pour rester crédules, pauvres pour être serviles, lâches au besoin pour devenir cruels à l'occasion, et cela fait, misérable troupeau, souffre en silence, broute l'herbe du chemin et meurs dans une résignation toute catholique.

Le droit humain répond : Instruisez-vous et vous chasserez toute superstition; combattez la misère afin de conquérir votre libre arbitre et vous tous, travailleurs et citoyens, soyez toujours ardents pour la recherche de la vérité, en ne reconnaissant qu'un seul guide, la raison.

Le droit divin dit : Payez ma cour, l'entretien de mes palais, mes courtisans, mes femmes; payez mes gabelous, mes fermiers généraux concussionnaires, mes censeurs, mes gens de police, mes confesseurs, mon pape, mes révérends pères jésuites, etc.

Le droit humain répond : A chacun selon son mérite, à chacun selon ses œuvres. Ne faites pas de la femme un instrument de plaisir, mais une compagne fidèle et dévouée. Plus d'étroites limites à la pensée! qu'elle s'envole librement du cercle de fer où on la retenait captive, pour vivifier le monde, l'instruire et améliorer son sort. Plus de barrière à la production. Que les magistrats soient élus par le peuple : alors ils seront vénérés et consciencieux, au lieu d'avoir à toutes les fonctions un ramassis de gens plus ou moins flatteurs, plus ou moins honnêtes, qui, sous prétexte d'ordre social, provoquent, espionnent et calomnient.

Que l'influence du clergé s'exerce, en dehors de l'État, dans l'Église, d'où elle n'aurait jamais dû sortir ; et qu'il n'y ait plus aucune ingérence, dans les affaires publiques, de Rome et des jésuites.

C'est en raisonnant ainsi que le peuple verra que, au lieu de subvenir incessamment aux caprices d'un roi, à l'oisiveté de ses valets, aux vices précoces de ses bâtards (car presque tous nos rois en eurent), il est préférable d'élever sa famille dans le juste bien-être procuré par le travail ; il se dira qu'il ne veut plus être la dupe de tous ces mendiants couronnés, mitrés, blasonnés ; qu'il ne veut plus aliéner à une famille, à titre héréditaire de mâle en mâle, sa souveraineté ; qu'il est assez grand pour faire lui-même ses affaires ; qu'il n'a plus besoin de tuteur ; que l'impôt pris sur chacun doit avoir pour emploi l'intérêt commun : écoles, bibliothèques, musées, hôpitaux, etc., enfin tout ce qui peut assurer le progrès intellectuel et la prospérité matérielle d'une nation.

Quelques esprits éclairés se demandent si réellement il peut y avoir des légitimistes, des partisans de l'ancien régime, s'il est possible de faire rétrograder le peuple français au delà de la révolution de 1848, de celle de 1830, de celle de 1789. Oui, il en existe et même des plus bruyants. Mais nous assistons bien aux dernières tentatives de restauration bourbonienne ; ce sont les dernières convulsions de l'agonie de ce qui fut l'ancienne France. Soyez tranquilles, citoyens, on ne galvanise pas un corps mort. Entre le monde moderne et le monde ancien il y a un abîme.

L'ancien régime avait été fortement ébranlé par les écrits philosophiques des Voltaire, des Diderot, des Jean-Jacques Rousseau ; les idées de justice, de liberté, d'égalité avaient pénétré dans les masses. Le vieil édifice social craquait de toutes parts ; les finances, nerf de tout, manquaient, et la convocation des états généraux de 1789 eut lieu. Devant tant de maux, nos représentants jurèrent de ne se séparer qu'après avoir donné une constitution à la France au lieu du régime du bon plaisir. Ils se mirent à la peine, mais trouvant des obstacles insurmontables dans la mauvaise volonté du roi, dans un mouvement de colère, provoqué par la trahison, nos pères jetèrent, en manière de défi, à la face de l'Europe, la tête de Louis XVI. La royauté était morte, la chute fut terrible, et pendant vingt ans l'Europe entière fut arrosée du sang de nos soldats victorieux. A la fin ils tombèrent épuisés, mais le grand ennemi était aussi par terre. Des essais de restauration eurent lieu ; le peuple se reprit à la lutte et finit par vaincre entièrement par la proclamation du suffrage universel.

Le cadre de cet ouvrage ne me permet point d'énumérer les abus de tous genres de l'ancien régime : la dîme, les corvées, les jurandes, les maîtrises, les priviléges, l'accaparement des blés par le roi ou ses agents, la famine et ses misères arrivant presque périodiquement, les doléances, si humbles, si serviles, mais toujours rejetées et répudiées, des sujets. Le tableau vous en est d'ailleurs connu.

Cependant, comme les légitimistes et leurs partisans vous parlent toujours du bonheur du peuple, des mille ans de gloire et de splendeur de la France sous ses anciens rois, je choisirai l'époque la plus glorieuse, celle de Louis XIV, et je vous mettrai sous les yeux le tableau éloquent et vrai, dû à l'immortel Labruyère, de la situation des paysans qui forment la grande majorité de la population.

« On voit, dit-il, certains animaux farouches, des mâles et des femelles, répandus par la campagne, noirs, livides et tout brûlés par le soleil, attachés à la terre qu'ils fouillent avec une opiniâtreté invincible ; ils ont comme une voix articulée, et quand ils se lèvent sur leurs pieds, ils montrent une face humaine, et en effet ils sont des hommes. Ils se retirent la nuit dans des tanières où ils vivent de pain noir, d'eau et de racines ; ils épargnent aux autres hommes la peine de semer, de labourer et de recueillir pour vivre, et méritent ainsi de ne pas manquer de ce pain qu'ils ont semé.

« Il faut des saisies de terre et de meubles, des prisons et des supplices, je l'avoue ; mais justice, les lois et besoins à part, ce m'est une chose toujours nouvelle de contempler avec quelle férocité les hommes traitent d'autres hommes. »

Rien d'exagéré dans ces paroles, ainsi que celles de l'intendant de *la Marche* dans un rapport au roi :

« Les paysans n'ont presque aucune propriété, ni fonds, ni meubles... Il n'y a point de nature plus sauvage que le sont ces peupleslà. On en trouve quelquefois des troupes à la campagne, assis en rond au milieu d'une terre labourée et toujours loin des chemins ; mais si l'on en approche, cette bande se dissipe aussitôt... »

Voilà donc quelle était la situation du paysan ! Est-ce à ce temps-là que les ennemis de la société moderne veulent nous ramener ? Comparez cette situation à la vôtre !

Alliance du trône et de l'autel ne peut nous donner qu'une complète servitude.

Vous êtes maîtres de vos destinées, braves paysans; suivant l'homme et les idées pour lesquels vous voterez, vous pourrez augmenter votre émancipation et votre bien-être, et je ne crois pas qu'il s'en trouve parmi vous qui veuille retourner à ce vieux temps.

LES ORLÉANISTES

Les orléanistes sont des adversaires sérieux de la République ; lorsque les légitimistes représentent le règne du clergé et de la noblesse, eux représentent la bourgeoisie et ses richesses territoriales et mobilières. Ils sont aussi une classe hostile au reste du peuple, et s'ils arrivaient à escalader le pouvoir, car je n'imagine point que le suffrage universel les y porte, ils se retrouveraient bien vite en état d'hostilité flagrante avec le reste de la nation.

L'idéal de leur gouvernement est la monarchie constitutionnelle ; souvent ils tournent leurs regards vers la Grande-Bretagne et semblent puiser dans le gouvernement anglais toutes les libertés possibles à octroyer à une grande nation. En progrès sur la monarchie absolue, c'est une espèce de compromis avec certaine classe de la société, mais ce n'est point suffisant pour un peuple démocratique jouissant du suffrage universel.

Ces messieurs d'Orléans sont toute une nichée de princes, de comtes, de ducs ; ils sont riches, habiles, remuants, ont des attaches avec presque tous les fonctionnaires, et, sans exagérer leur force, ils sont beaucoup à craindre.

Leur vie privée est exempte de scandales. Possesseurs d'une fortune colossale, ils l'ont encore augmentée en réclamant de la République les biens que Bonaparte avait pris. Certes, les bons citoyens se sont émus de cette rapacité, et les quarante millions que la pauvre France, blessée, mutilée, leur a donnés, ont diminué de beaucoup l'affection que leur portait une partie de la bourgeoisie ; car, sachez-le bien, ils n'ont d'adeptes et de partisans que dans ce qu'ils appellent, suivant leur noble langage, les classes dirigeantes.

Ces princes savent attendre ; ils prennent patience et sont toujours, disent-ils, à la disposition de leurs concitoyens. Je le crois bien, le trône de France est un assez beau lot pour exiger un peu de dévouement.

Dans cette famille il y a de tout : Voulez-vous un soldat ? Voilà Robert de Chartres. Un marin ? vous avez Joinville et Penthièvre. Un président de République ! d'Aumale se laisserait faire douce violence ! Actuellement il se contenterait de la présidence du Sénat, de ce Sénat fait à l'image et sur le modèle de la plus parfaite monarchie constitutionnelle. Voulez-vous un roi ? le comte de Paris s'écrie : Présent. Voilà un assortiment qui défie toute concurrence ! N'y a-t-il pas de quoi attirer la bourgeoisie qui aimait tant ces princes !

Ne vous y trompez pas ; ces princes, de retour de l'exil, sont descendus dans l'arène politique ; ils se sont mêlés sans vergogne à tous les maquignonnages de l'Assemblée de Versailles, ils ont fait faire la loi électorale que vous connaissez, le sénat que vous connaissez aussi, cette belle loi sur l'enseignement supérieur qui livre les hautes études aux universités catholiques, et ils se présentent virtuellement aux Français comme prétendants.

Ils combinent certaines éventualités, préparent l'avenir, s'exercent au dévouement, et s'ils ne sont pas capables comme les Bonaparte de fouler aux pieds la loi, ils s'efforcent d'amener machiavéliquement un moment critique dans lequel ils diront : Il vous faut un sauveur ; nous voilà.

On vous dira : ces princes sont fort honnêtes, ils aiment la France, ce sont de bons citoyens.

D'abord un prince en disponibilité n'est jamais un citoyen, et s'il se fait citoyen c'est toujours afin d'être le premier des citoyens.

Il faudrait s'entendre sur la définition de l'honnête homme. Faut-il entendre par honnête homme celui qui ne manque pas à la parole donnée ! La validation de leur élection et leur présence à l'assemblée de Versailles vous disent alors qu'ils sont malhonnêtes.

De plus, ces princes sont allés à Frohsdorf, la fusion fut faite le 5 août 1873, ils abdiquèrent leurs prétentions entre les mains du comte de Chambord, qui n'a pas d'enfant, et dont ils seront les héritiers. Henri IV disait : Paris vaut bien une messe ; eux répètent après leur ancêtre : la couronne de France est un assez beau joyau pour valoir une soumission. Quelle France aiment-ils donc ? celle de Frohsdorf ou celle de Chantilly ?

On parle d'honnêteté ; pour nous, les honnêtes gens obéissent à leur conscience et redoutent davantage le mépris d'eux-mêmes que le châtiment des lois. La France sait lire ; elle se rappelle les déclarations faites à la tribune, déclarations inscrites à l'*Officiel*, par lesquelles ces princes s'engageaient à ne pas siéger à l'Assemblée de Versailles, si leurs pouvoirs à eux, revenants d'exil, étaient validés. Comment ont-ils tenu leur parole ? Par pudeur, pendant quelque temps, ils n'ont pas siégé, mais, peu après, foulant aux pieds leur promesse, ils y sont venus trouver leurs amis, intriguer avec eux et tramer une conspiration permanente contre la République et les républicains qui les avaient si loyalement accueillis.

Le mot d'ordre pour leurs amis politiques est une tentative d'obtenir le pouvoir par l'émasculation du suffrage universel. Les résultats sont la loi des maires, la loi sur le sénat, la loi électorale, et la négation, depuis le 24 mai, de tout essai loyal de la République.

Et cependant, ils se disent libéraux, petits-fils de Voltaire, et ils décorent les églises, votent l'érection d'une chapelle au Sacré-Cœur, applaudissent à toutes les mesures de rigueur, et quoique élevés aux dépens du peuple, ils ne songent pas à rompre leur vieille et dérisoire alliance avec la bourgeoisie. Adversaires constants de la République, ils se mettent à l'œuvre, fabriquant une constitution dans laquelle ils acclament une sorte de royauté constitutionnelle comme la meilleure des républiques. Ah ! ce serait déjà bien assez pour vous, monarchistes, d'avoir fait la meilleure des monarchies. Pourquoi essayer d'aller toujours contre le bon sens, et de mettre au jour des productions contre nature ?

Les orléanistes tendent la main aux bonapartistes, ils conspirent avec eux, ils unissent leurs efforts contre la République et le suffrage universel, qu'ils considèrent comme un âne savant, se réservant d'agir sur lui, au moment des élections. — A chacun sa manière : les bonapartistes, en procédant avec violence, avec préfets à poigne, maires, gardes champêtres, policiers à casse-tête et tout l'attirail des candidatures officielles remis en fonction ; les orléanistes, plus rusés, attendent tout de la Bourgeoisie dont ils sont les protecteurs naturels. C'est à elle qu'ils laissent le soin d'agir sur le peuple par la persuasion, par la séduction, par l'intérêt personnel, promettant toujours liberté, prospérité et bonheur, mais avec l'arrière-pensée de mutiler plus tard le suffrage universel, devant lequel il leur faut plier maintenant et de revenir à ces chers électeurs payant deux cents francs d'impôt.

Ce que veulent ces princes, c'est la division des partis en France, moyen sûr d'aigrir, d'épouvanter et de ruiner le peuple, c'est de le laisser pendant quatre ans dans l'attente d'une constitution : alors la peur agira, l'argent démoralisera, l'armée combattra les récalcitrants, et cette pauvre nation, la France, sentant le besoin d'un dictateur, se jettera dans les bras d'un d'Orléans. Et le tour sera joué ! Tel est le calcul. Non, cela ne sera pas. Vous ignorez donc que les républicains sont au courant de vos intrigues, aussi secrètes soient-elles, qu'ils découvrent tous les fils de votre conduite ténébreuse, qu'ils veillent, l'œil au guet, l'oreille tendue, à tous les incidents soulevés, à toutes les mesures prises pour tromper le peuple et l'emmaillotter, tout doucement, dans les langes d'une nouvelle monarchie ! Ils sont à leur poste d'observation et d'avant-garde, et si le peuple écoute leurs avertissements désintéressés et patriotiques, il évitera bien des écueils et échappera à bien des dangers qui menacent sa liberté et sa prospérité.

Est-ce à la France que ces princes en veulent ? Non, c'est à la république ; seulement la France payera d'abord.

En face de cette conduite, ne sont-ils pas à tout jamais frappés de déchéance morale, eux auxquels les républicains avaient ouvert les portes de la patrie ? Cependant leur rôle était beau : en respectant le droit commun, ils n'avaient qu'à laisser la France se reposer, panser ses plaies saignantes, et, bientôt guérie et convalescente, grâce à sa forte constitution, elle n'avait plus qu'à travailler pour relever son nom et son prestige qui ne doit jamais périr.

Au point de vue des principes et de leurs tendances gouvernementales, que sont les d'Orléans ? Des princes, et non des principes.

« D'après la charte de 1830, la nation est souveraine (la nation comprend seulement les hommes payant 200 francs d'impôt), elle peut, dans son intérêt, établir un pouvoir exécutif héréditaire et lui donner le titre de royauté.

« Cette royauté ne doit être qu'une simple magistrature (progrès par rapport à la royauté absolue, mais bien loin de la république) ne tirant ses pouvoirs que d'une constitution votée exclusivement par les représentants du pays et jurée par l'élu de ces délégués.

« D'autre part, la nation en déléguant cette magistrature n'abdique pas le droit de régler elle-même ses futures destinées. Le gouvernement appartient toujours au moins indirectement aux représentants du peuple.

« La responsabilité des ministres n'est pas seulement individuelle, mais collective ; elle n'est pas seulement judiciaire mais politique.

Le roi les choisit dans la majorité et les laisse inspirer par elle ; enfin tout cela se résume : *Le roi règne et ne gouverne pas.*

« Les légitimistes ont toujours considéré cette théorie comme un attentat, car elle est incompatible avec le pouvoir monarchique et par conséquent avec la tradition française. »

C'était cependant un pas vers la république, un peu plus de liberté et de responsabilité personnelles et collectives.

Mais cette théorie, Louis-Philippe ne l'accepta que dans l'espoir de la fausser.

Le caractère mixte et contradictoire de ce système devait tôt ou tard aboutir à un conflit entre le roi et la nation. C'est ce qui arriva.

Comment les Orléanistes agissent-ils au sein de l'Assemblée ?

La nature de leurs opinions fait qu'ils peuvent être de la gauche de la royauté ou de la droite de la république conservatrice. Et cependant ces orléanistes du centre droit ont été les plus acharnés contre la république ; ne se sentant pas assez forts, en face des gauches réunies par M. Thiers, ils allèrent sans pudeur tendre la main aux bonapartistes et aux légitimistes.

Le premier acte de la coalition fut la chute de M. Grévy, président de l'Assemblée, et son remplacement par M. Buffet, premier triomphe qui leur permit de tenir entre leurs mains tous les fils de la trame du 24 mai et de renverser et de remplacer, en une seule journée, leur ancien ami, rallié sincèrement à la république, M. Thiers.

Alors, aux dépens des légitimistes, en dépit de leurs alliés, les bonapartistes, ils se sont fait le gâteau du roi, une part prépondérante dans toutes les positions officielles.

Il y eut bien quelque déception bruyante, mais ils jetèrent quelques os à ronger, croix, préfectures, recettes générales ; et, fait important à constater, la direction des affaires resta et est encore entre les mains des Orléanistes.

Depuis le vote de la constitution du 25 février 1875, vous pensez qu'il s'est opéré des changements. Il n'en est rien. Nous avons devant nous des équilibristes trop habiles pour ne pas savoir se tenir dans des positions difficiles ; semblables à des chats, ils se retrouvent toujours sur leurs pieds.

Lorsque la question de monarchie ou république fut posée devant l'Assemblée, ils furent d'une habileté incroyable ; ils demandèrent le vote sur le point capital, le principe, excellent moyen pour que personne ne puisse s'entendre, excepté les monarchistes coalisés dans leur haine contre la république.

Ils pensèrent donc à la fusion ! O honte ! Les petits-fils de Philippe-Égalité, qui vota la mort de Louis XVI, allèrent abdiquer la monarchie constitutionnelle pour obtenir celle de droit divin, entre les mains du petit-fils de Louis XVI, Henri V comte de Chambord !... Et cependant, a dit Royer-Collard : « Entre les Bourbons et les d'Orléans il y a de l'ineffaçable. »

Tout cela n'était que calcul. Henri V·mourant sans enfant, le trône leur revenait. Cependant, ils ne sont pas les héritiers directs. Je puise dans une brochure de M. Gazeau de Vautibault un tableau, où il est démontré que le véritable héritier du comte de Chambord se trouve être Robert de Parme, né en 1848, fils de Charles III, de Parme, détrôné en 1859, par le roi d'Italie ; sa mère était la sœur du comte de Chambord. Ce jeune homme a 27 ans et vit auprès de son oncle Henri V.

LES DESCENDANTS DU FRÈRE DE LOUIS XIV

Ceci dit, voyons quels furent les descendants de Louis XIV et de son frère. Philippe d'Orléans (1640-1701) eut pour fils le fameux régent (1674-1723), lequel engendra Louis d'Orléans le *Génovéfain* (1703-1752), lequel engendra Louis-Philippe d'Orléans, dit le *Gros-Philippe* (1725-1785), lequel engendra Philippe-Égalité (1647-1793), lequel engendra Louis-Philippe-Égalité, qui fut roi des Français (1773-1850), lequel engendra Ferdinand Orléans (ainsi que MM. d'Aumale, Joinville, Nemours, Montpensier, etc.), lequel engendra M. le comte de Paris et M. le duc de Chartres.

LES DESCENDANTS DE LOUIS XIV

Voici maintenant quelle fut la lignée de Louis XIV. Il eut un fils, le Grand Dauphin, qui mourut empoisonné.

Le Grand Dauphin laissa trois fils : MM. les ducs de Bourgogne, d'Anjou et de Berry.

Les ducs de Bourgogne et d'Anjou eurent seuls des enfants :

1° Le duc de Bourgogne, mort empoisonné, laissa deux fils : le duc de Bretagne, mort empoisonné, et Louis XV dont la postérité mâle est aujourd'hui représentée par M. le comte de Chambord.

2° Quant au duc d'Anjou, que Louis XIV envoya régner en Espagne sous le nom de Philippe V, il eut quatre fils dont *deux* laissèrent des enfants mâles.

L'un, Philippe, monta sur le trône de Parme qui fut successivement occupé par ses descendants, Ferdinand, Charles-Louis et Charles III. Charles III mourut assassiné; il avait épousé la sœur de M. le comte de Chambord et laissa quatre enfants, dont deux fils. L'aîné, Robert (de Parme), né en 1848, fut détrôné en 1859 par le roi d'Italie; il vit auprès de son oncle, M. le comte de Chambord, qui a dirigé son éducation, et est actuellement âgé de 27 ans. — L'autre, Charles III, roi d'Espagne, eut plusieurs fils dont la postérité mâle est aujourd'hui représentée par Don Carlos et François II, ex-roi de Naples, etc.

TABLEAU GÉNÉALOGIQUE

Voici du reste un tableau qui fera ressortir plus clairement encore la situation généalogique des Bourbons et des Orléans.

LOUIS XIII

LOUIS XIV — GRAND DAUPHIN

LE DUC DE BOURGOGNE — LE DUC DE BERRY — LE DUC D'ANJOU (Philippe V)

PHILIPPE D'ORLÉANS — LE RÉGENT — ORLÉANS le genovéfain

		ESPAGNE	NAPLES	PARME	
Duc de Bretagne	Louis XV	Charles III	Charles VII	Philippe	Le Gros Philippe
	Le Dauphin	Charles IV	Ferdinand IV	Ferdinand	Philippe Égalité
Louis XVI	Charles X — Louis XVIII	Ferdin. VII, D. Carlos	François I	Charles Louis	Louis Philippe Ier
Louis XVII,	D. de Berry, — D. d'Angoul.	Isabelle — C. Montémolin	Ferdinand II	Charles III	Ferdinand
	Comte de Chambord	Alphonse XII — D. Carlos	François II	Robert de Par.	C. de Paris et le D. de Chartres

Aujourd'hui, ils se disent conservateurs, c'est le mot à la mode, pour ne pas effrayer le peuple. Mais le parti de l'ordre et de la paix sociale est déplacé, il n'est plus composé des rêveurs de restauration, il se compose de républicains.

Vous parlez toujours d'ordre, mais qui songe à le troubler? tout le monde y a intérêt, excepté vous.

La modération gouvernementale vous ferait tout à fait défaut, si vous arriviez au trône. Vous caresserez toujours dans vos rêves l'idée d'anéantir honnêtement, légalement la démocratie, et pour cela il faudra terroriser, annihiler la masse du peuple. Vous êtes les ennemis du repos public, vous intriguez, vous placez au-dessus de la liberté du citoyen la servitude du sujet, et comme prétendants, vous sacrifieriez facilement les intérêts de la nation à vos intérêts personnels.

Orléanistes, vous ne représentez que les intérêts d'une classe particulière, la bourgeoisie, intérêts qui cherchent à s'éterniser au moyen de formes politiques étroites, vieillies et condamnées.

Vous vous proclamez le parti du bon sens! Eh malheureux! si vous étiez du parti du sens commun qui court les rues, vous seriez républicains!

Vous n'avez pas de programme net et défini; toujours les sous-entendus, les réticences, toujours la doctrine du juste milieu, n'avançant ni reculant, vous piétinez sur place. Est-ce la politique qu'il faut à la France, fatiguée de la lutte, à la démocratie! Apparence de religion, apparence de libéralisme! Dans vos discours vous réclamez l'indépendance du peuple, et personne ne sait mieux l'enlacer et le circonvenir pour le gêner dans ses mouvements de liberté; vous faites grand bruit de la liberté de la presse, et vous édictez des peines très-sévères, et vous gardez l'état de siége dans quarante départements. Vous exaltez le patriotisme de vos chefs et tous sont mariés à des femmes prussiennes, ils n'ont plus de sang français, ils considèrent la France comme un bon placement pour les capitaux, et pour y briguer le pouvoir.

A l'Assemblée vous êtes doux pour les légitimistes, indulgents pour les bonapartistes, implacables pour les républicains. Mais les partis n'ont pas confiance en vous: Les légitimistes ne peuvent oublier Philippe-Égalité, l'échafaud du 21 janvier, la trahison et l'usurpation de 1830, la protestation contre la naissance du duc de Bordeaux, le déshonneur de sa mère la duchesse de Berry. Pour vous, vous ne pardonnez pas à Napoléon III la spoliation de vos biens. Qu'importe! en haine de la République, tous ces éléments divers se donnent le baiser Lamourette.

Pour nous, républicains, nous les considérons comme des royalistes

bâtards, des hypocrites, des intrigants, des ambitieux et des faux libéraux, capables de replonger la France entre les mains du clergé, d'at-
tenter aux droits de suffrage de chaque citoyen, de mutiler ainsi la plus
belle conquête du siècle. Nous ne sommes ni dupes, ni complices,
croyez-le bien !

Le gouvernement parlementaire à la mode des d'Orléans est, du reste,
jugé depuis longtemps. Voici ce qu'en dit l'empereur de Russie : « Je
ne connais que deux formes de gouvernement : la monarchie absolue
et la république. Tout ce qui a l'air de vouloir amener un compromis
entre ces deux formes n'est que comédie, farce et hypocrisie.

« Le gouvernement constitutionnel avec ses pugilats étranges et ses
perpétuels tiraillements n'est bon qu'à conduire un peuple aux révo-
lutions par une série de frivoles désordres. C'est un régime qui met
continuellement un pays à la veille des coups de fusil, et qui, en atten-
dant, le tue à coups d'épingles. »

La constitution républicaine que la Chambre nous a donnée ressemble beaucoup à cette définition. Mais c'est vous, Orléanistes, qui êtes
les principaux auteurs de la loi du sénat qui restreint le droit de suffrage au deuxième et au troisième degré pour l'élection des sénateurs !
Penseriez-vous sérieusement à une restauration à votre profit, messieurs d'Orléans ? Songez-y bien ! Le trône de votre père s'évanouit devant un bruit de fourchette, et on appela les journées de février la révolution du mépris !

La guerre civile que vous soulèveriez serait monstrueuse. La pré-
diction vous en a été faite par une parole plus autorisée que la mienne,
par l'un de vos anciens ministres et fidèle serviteur, M. Thiers. Vous
expieriez, tôt ou tard, chèrement vos ambitions ; car un nouvel oura-
gan populaire briserait, broierait, pulvériserait vos couronnes, vos
hochets et vos biens, sans qu'il en reste même le souvenir.

Mais, non, vous ne pouvez pas y penser ! D'ailleurs, ce suffrage universel que vous avez tant calomnié, que vous appeliez dédaigneuse-
ment la force du nombre, ne vous livrera pas le pouvoir dans les prochaines élections. Cela est certain. Assurément vous vous transformerez
pour vous présenter à lui ; il vous démasquera, vous exploierez toutes
les finesses et les tours, les artifices de la langue française pour voiler
votre pensée, il vous reconnaîtra à tous ces ambages, et les urnes vous
diront : Vous avez calomnié, mutilé le suffrage universel, vous avez
voulu arrêter ainsi le courant démocratique, le suffrage universel vous
repousse et ne veut plus de vous.

LES BONAPARTISTES

Ils ont inauguré en France un nouveau genre de gouvernement, qui n'est ni la royauté absolue, ni la royauté constitutionnelle, c'est le despotisme démocratique.

Il repose sur ce fondement : la nécessité vraie ou supposée d'assurer le maintien de l'ordre public et le salut de la société. Il se présente en sauveur.

Pour fonctionner, il lui faut donc l'obéissance absolue, ce qui est bien près de la servitude ; il n'admet pas de contrôle, puisque le peuple a recouru à lui, ou l'a laissé s'établir par la force et la violence.

Lorsque l'obéissance est raisonnable, le peuple ne murmure pas ; lorsqu'elle devient servile, les hommes, désespérant de pouvoir séparer l'obéissance nécessaire qu'ils accordent volontairement aux lois de l'obéissance déréglée qu'on leur impose, se taisent, ils ne se sentent plus la force, ni le cœur, de résister, et c'est précisément dans cette résignation que le despotisme démocratique trouve tout d'abord sa sécurité.

Pour durer il faut l'assentiment de la multitude. Conservant avec soin les formes extérieures les plus importantes des prétendues libertés, flattant les populations ouvrières et agricoles, il obtient et fait voter tout ce qu'il demande.

Se prétendant chargé du bien-être de la multitude, le despotisme politique cherche à entretenir et à attirer à lui les vagues espérances et les illusions qui courent toujours dans l'imagination populaire ; il parle de guerre, de gloire militaire, de conquêtes, d'égalité sociale, d'extinction du paupérisme.

Chargé d'un mandat illimité, investi d'un pouvoir immense sur les hommes et les choses, il s'avance avec une force irrésistible, une pompe insolente. Tous ses méfaits sont ignorés, ses malversations sont cachées, la presse se tait ; et il arrive un moment où, étourdi par sa prospérité même et comme saisi par une sorte d'ivresse, il ne voit plus rien, le sens politique l'abandonne ; alors il se heurte à quelque misérable obstacle, ou bien s'élance aveuglément dans de folles aventures et s'écroule de lui-même au milieu des ruines et des désastres d'une nation.

La liberté dont jouissent tous les citoyens est illusoire ; l'indépendance civile ne peut exister que sous la protection de la liberté politique ; et celle-là n'existe pas, et l'égalité dont on fait grand bruit est attaquée sourdement.

Voilà ce que nous avons vu et les enseignements que l'histoire tire des deux règnes des deux Bonaparte.

Certes les Bonapartistes, en se présentant à vos suffrages, éviteront bien de vous parler du coup d'État du 18 brumaire, du guet-apens du 2 décembre ; du sang qui a été versé, des cadavres de paisibles citoyens jonchant la rue de la Paix, la place Vendôme et les boulevards de Paris ; des convois de déportés politiques sous le soleil brûlant de Cayenne ou dans les cachots infects de Lambessa. Ils vous avanceront (c'est le *Moniteur universel* qui parle) 380 assassinats et 25,000 le nombre des victimes de tout genre. C'est en marchant sur les cadavres de ses concitoyens que le bandit du 2 décembre a escaladé le pouvoir.

Le discours de Bordeaux a dit : L'empire c'est la paix ! Et nous avons eu les guerres de Crimée, d'Italie du Mexique, de la Cochinchine et de Prusse.

L'oncle, par des guerres ambitieuses, avait provoqué l'invasion de la France, et nous avait fait perdre les possessions acquises par la République. Napoléon III a cent fois dépassé son oncle en extravagance. Les désastres attirés sur notre pays ont été terribles ; le souvenir n'est pas encore loin ! Dix milliards, l'Alsace et la Lorraine perdues, ces possessions de la vieille monarchie ! Et si Waterloo n'eut rien de honteux, Sedan, l'infâme capitulation de Sedan, fut le sacrifice de la France aux intérêts d'une dynastie.

Ils ne vous parleront pas de la suppression de la liberté, de l'étouffement de la pensée, ni des créances méxicaines, ni des tripotages des finances de l'État, ni de la doctrine des virements, ni des emportements de Pierre Bonaparte, l'assassin de Victor Noir, ni des nuits scandaleuses de Saint-Cloud et de Compiègne, ni des amours de

Mlle Bellanger avec le chef de l'État ayant pour entremetteur un président à la cour de cassation.

Ils vous tairont nos échecs au Mexique, la honte où ils se trouvèrent après Sadowa, où ils furent joués par la Prusse, la façon insensée dont ils ont déclaré la guerre de 1870; leurs affirmations mensongères déclarant que la France était prête, que l'armée ne manquerait même pas, pendant deux ans, d'un bouton de guêtre ; leurs défaites accumulées par l'impéritie des généraux, et le rôle qu'ils ont joué dans la Commune. Non, ils ne vous parleront pas de toutes ces choses néfastes, ils vous parleront de la prospérité de l'Empire, ils l'exalteront, le porteront aux nues et arriveront à vous démontrer que l'Empereur faisait tourner le soleil.

La presse mensongère des bonapartistes vous dira sur tous les tons que les affaires se sont développées, que le niveau des fortunes s'est élevé et que les campagnes avaient vu, sous l'empire, leur misère séculaire disparaître.

Certes, je ne l'ignore pas, beaucoup de nos paysans croient sincèrement que c'est à l'empire et à la direction du gouvernement que ce résultat est dû.

Voyons ce qu'a de force cette assertion. L'empire eut la bonne fortune de naître au moment de la création des chemins de fer, qui ont produit la plus grande révolution économique qui se soit jamais accomplie dans le monde. Il y eut forcément une plus grande extension dans la création des voies départementales et vicinales. Que s'est-il passé alors? C'est que le commerce s'est emparé facilement des produits agricoles et manufacturiers qui existaient dans les pays où l'on ne produisait pas, faute de débouchés, et les a transportés dans les grands centres; une active circulation s'est établie entre les villes et les campagnes et la situation de nos paysans et de nos manufacturiers s'est améliorée sensiblement. Voilà la vérité absolue sur le développement des affaires.

Et là encore, l'empire a-t-il fait ce qu'il devait faire ? A-t-il marché à la tête de ce grand mouvement qui entraînait toutes les nations de l'Europe civilisée? N'est-il pas plutôt resté en arrière? Notre sol si riche en productions naturelles est-il sillonné d'autant de chemins de fer que celui de nos voisins? Non, cela n'est pas. Après avoir constaté que les chemins de fer sont le véritable et presque unique agent de la prospérité moderne, a-t-on fait tout ce qui devait être fait ? La France n'est qu'au septième rang en Europe comme quantité kilométrique proportionnée à la population et à la superficie. De plus, chez les nations voisines les frais de transport sont moins élevés ; en Belgique, entre autre, ils sont trois fois moindres. Et le sort des paysans, chez ces nations, s'est amélioré sur une bien plus vaste échelle.

Voilà la vérité, l'exacte vérité.

Voyons maintenant quelle fut l'administration du pays.

Nous constatons que tous les rouages du bureaucratisme civil, administratif, judiciaire, religieux, militaire, financier sont augmentés. Il faut des partisans ; la curée aux places est un moyen, et on ne craint pas de créer une multitude de budgétivores. Qu'en résulte-t-il ? Nos dépenses annuelles augmentent d'un milliard et demi, les villes s'endettent, les adulateurs, s'enrichissent, et notre dette publique se trouve portée à l'énorme chiffre de 17 milliards.

Les services publics coûtent par habitant en Suisse 6 fr. 06 ; aux États-Unis, 8 fr. 08 ; en Russie, 8 fr. 11 ; en Angleterre, 10 fr. 33 ; en Espagne, 13 fr. 43 ; en Autriche, 14 fr. 03 ; en Prusse, 15 fr. 07 ; en France, 24 fr. 07 (année 1865). Actuellement, grâce à la guerre, les services publics reviennent en France par chaque habitant à 30 fr. Jugez par là de la prospérité que nous a léguée l'empire, et remarquez que c'est dans les pays de gouvernement républicain que chaque habitant paye le moins pour assurer sa tranquillité et les services publics. Voilà cependant les fruits d'une « administration que l'Europe nous envie ! » disait ou faisait dire l'empereur dans ses arlequinades. Elle nous l'envie si peu qu'elle se garde bien de nous imiter.

L'empereur et ses acolytes étaient tellement rapaces (leurs dépenses étaient à la vérité si grandes) qu'ils créèrent le monopole de différentes compagnies industrielles ; qu'ils recevaient des pots-de-vin. Qui payait ? Toujours le peuple, pris comme dupe.

Enfin cette prospérité de l'empire se résume à dire que la dette publique a été triplée en 1870 et quadruplée à la suite de la guerre ! L'empire ressemble à ces rodomonts prodigues qui font grand bruit, mènent joyeuse vie en empruntant de tous côtés ; ils éblouissent les sots dont ils font leurs dupes jusqu'à ce que la catastrophe arrive !

Les guerres ont été sans gloire ni profit ; l'oncle et le neveu nous ont amené trois invasions ; le sang de trois millions de Français a été répandu sur les champs de bataille, et les frontières naturelles du Rhin, que la première République nous avait données, ont été perdues, toute l'Alsace et une partie de la Lorraine inclusivement.

Les partisans de l'empire vous disent encore cette gasconnade : *Tout pour le peuple et par le peuple! Nous voulons faire appel au peuple!*

Jugez ! Eux qui n'ont même pas confiance en vous pour vous laisser choisir le maire du village ! Non, ne le croyez pas ! Ils veulent bien vous laisser le suffrage universel, mais à la condition expresse que depuis le préfet jusqu'au garde champêtre, tous gens à poigne, travailleront dans l'intérêt du maître sous peine d'être révoqués.

De plus, le plébiscite dont ils font tant de tapage est-ce une chose juste ? Je dis non, surtout lorsqu'on place entre les mains du peuple des questions de vitalité ou de mortalité d'une nation. Pour juger, il faut comparer, pour comparer, il faut connaître, or met-on entre les mains du peuple, lors d'un plébiscite, le dossier de la question ? Ne pouvant se rendre compte de ce que veut dire *oui* et *non*, le peuple ne peut juger et par suite voter avec connaissance de cause.

Donc vous, plébiscitaires, vous n'êtes que des imposteurs, des menteurs, vous trompez lé peuple en escamotant son vote ! — Les plébiscites n'ont jamais été que l'arme des Césars ; et vous, hommes de décembre, avez-vous cru vous laver par le plébiscite du 10 janvier 1852 ! Avez-vous dit la vérité, au 8 mai 1870, lorsqu'en disant au peuple de voter *oui*, c'était voter la paix, alors que deux mois après vous précipitiez la France dans la plus désastreuse des guerres ! Non, vous vouliez. pour ainsi dire, l'absolution de vos fautes, et préparer l'avénement du petit prince Impérial ! Vous êtes désormais marqués du sceau de la réprobation ; l'histoire est cruelle pour vous ; elle est la, comme dit Victor Hugo dans un beau vers :

Qui tient le fer rouge et voit la chair fumer.

Quelle a été la conduite de ce parti dans l'Assemblée qui vient de se dissoudre ?

Infime minorité, méprisés par tous les partis, eux qui se disent amis du peuple, on les a toujours vus avec les adversaires de la république, faisant valoir bien haut leur concours, se le faisant payer plus cher encore. Ils disaient qu'ils voulaient l'appel au peuple, et lorsqu'un projet de dissolution était posé, ils votaient contre. Ils se liguaient aux monarchistes pour enlever aux conseils municipaux le droit de choisir leur maire, eux, si partisans du suffrage universel, ne perdaient aucune occasion de lui nuire, votaient la fameuse loi sur l'enseignement supérieur. Ils venaient affirmer sur l'honneur à la tribune, par la bouche de M. Rouher, qu'il n'y avait pas de comité bonapartiste, alors que la déposition de M. le Préfet de police et du procureur général révélaient un comité de comptabilité qui n'était autre chose qu'une conspiration contre le gouvernement. Ah ! ils savent conspirer : Napoléon III a conspiré toute sa vie. Strasbourg, Boulogne, Ham, le 2 décembre, témoignent de l'audace et de la fourberie de cet homme.

Dans l'éventualité où nous sommes, une question se pose : l'Empire est-il encore possible ? peut-il revenir ? Non, les plaies sont encore trop béantes, le souvenir de nos malheurs est encore trop vif, pour que nous songions à le rappeler.

Cependant, si, par la plus fatale et la plus aveugle des imprévoyances, cela arrivait, que deviendrait la France ? Tous les moyens leur sont bons : astuce, force, mensonges ; ils ne reculent jamais. Ne leur ménagez donc pas, braves citoyens, l'arrivée au pouvoir en les envoyant soit au Sénat, soit à la Chambre des députés ; ils vous ont trompés, ils vous tromperaient encore. Ils vous promettront force libertés, mais ils vous bâillonneraient peu à peu et vous garrotteraient, jusqu'à ce que vous fussiez incapables de revendiquer vos droits.

Ils rechercheront l'appui du clergé. Et vous verriez, si l'empire revenait, le petit prince, ce fruit sec de Woolwich, ce filleul du pape, rétablir son parrain sur son trône. De là, guerre avec l'Italie et l'Europe. J'en puise la preuve dans une brochure bonapartiste intitulée *les Bienfaits de l'empire* : « Le premier acte de Louis-Napoléon « fut de remettre le pape Pie IX sur le siége de Saint-Pierre, il ordonna « l'expédition de Rome, et le Vatican fut rendu au successeur des « apôtres. — Le Saint-Père fut toujours défendu par notre armée « contre les empiétements du roi d'Italie jusqu'au moment de nos « revers. L'empereur ne fit revenir les 10,000 soldats français qu'après « avoir fait signer à Victor-Emmanuel un traité par lequel ce dernier « s'engageait à défendre le pape. Malheureusement Napoléon III fut « trompé et l'engagement du roi fut violé. — Mais si le père a vu sa « confiance abusée, *le fils, dévoué filleul* du Saint-Père, saura rendre à « l'Église ce qui appartient à l'Église. »

Il ne pourrait revenir que par un coup d'État ! et une fois revenu il ne pourrait se maintenir que par la terreur. Les gouvernements tombent dès qu'ils manquent à leurs principes. Celui de l'empire est la dictature, le moindre germe de liberté a été et sera toujours un poison mortel. Le jeune prince et ses faméliques commenceraient par supprimer toutes les libertés, ramèneraient le régime de 1852 dans toute sa splendeur, renouvelleraient ses prouesses, tuant, déportant, exerçant leurs vengeances contre tous les partis.

Ces loups-cerviers mis à la diète depuis cinq ans dilapideraient la fortune publique, lanceraient la France dans de nouvelles aventures.

La mauvaise conduite des affaires serait inévitable avec les hommes d'aujourd'hui ; la mauvaise conduite au dedans ramènerait très-vite la guerre au dehors ; le prestige des Napoléon a besoin d'être relevé ; ce serait la guerre de hasard, de coup de tête, soit dynastique, soit pour soutenir ce qu'on appelle la cause catholique.

On reverrait les mêmes égarements, les mêmes incapacités qu'en 1870, aggravés encore s'il était possible ; l'empire serait pire que dans le passé, la fatalité de sa tradition le domine, il ne peut se soutenir que par la guerre : nouvelles aventures, nouvelles catastrophes, nouveau démembrement et peut-être ruine entière.

Il n'est pas inutile de vous montrer ce que coûtait Napoléon III :

par an..................	60,000,000 fr.
par mois...............	5,000,000
par jour...............	164,883
par heure.............	6,849
par minute............	114

Cent quatorze francs par minute, alors que tant d'ouvriers ne gagnent même pas 2 fr. 50 par jour ! La minute d'un empereur équivaut donc à plus de 40 journées d'un prolétaire ! Et vous voulez que cet homme pense à vous, ait souci de la liberté et de la vie d'individus qui gagnent si peu ! Et l'entourage, et la famille, et les flatteurs !

Ah ! non, mille fois non, nous n'avons pas besoin de payer si cher, le malheur d'être mal gouverné l'abdication et la perte de notre liberté à perpétuité.

Une simple comparaison : un président de la république coûte 600,000 francs, cent fois moins cher. C'est déjà un grand point. De plus, si au boutde sa magistrature, le peuple n'est pas content de lui, il rentre tout simplement dans la vie privée, et redevient simple citoyen. Voilà la véritable démocratie et les principes de gouvernement.

LES RÉPUBLICAINS CONSERVATEURS

DITS LES MODÉRÉS

Tout d'abord, en écrivant ce nom de républicains conservateurs, nous nous trouvons en présence d'un sophisme. L'accouplement de ces deux mots est au moins bizarre : En effet, République veut dire progrès incessant, sans relâche, vers la vérité politique, vers l'amélioration du bien-être des peuples, et conservateur exprime le maintien du statu quo, et l'attachement à ce qui n'est déjà plus ; ces hommes ne s'aperçiovent pas que l'humanité marche, et qu'ils deviennent bientôt conservateurs du passé.

Ils sont tirés de tous les partis, ils comptent quelques légitimistes, quelques plébiscitaires, mais surtout beaucoup d'orléanistes, qui, sachez-le bien, ne renient pas absolument leur passé et au besoin sauraient nous le ramener.

Entendez-les ! Grâce à leur patriotisme éclairé, grâce à leur prévoyance des dangers, ces sages se flattent et disent bien haut qu'ils ont fondé la République.

O République ! aussi monarchique que possible, et qui n'as de ce mode de gouvernement que l'étiquette, si tu restais ainsi, serais-tu destinée à soutenir et à revendiquer les droits du peuple, toi qui par ta constitution as créé le suffrage au deuxième degré pour ta première magistrature ! Comme au 31 mai, le peuple n'a été pour toi qu'une *vile multitude.*

Dans les derniers moments de l'Assemblée qui vient de se dissoudre

3

n'avons-nous pas vu que la République n'a jamais subi des atteintes plus meurtrières que depuis le vote des lois constitutionnelles : suppression des élections partielles, enseignement supérieur livré aux ultramontains, mainmorte partiellement rétablie, scrutin de liste condamné ; représentation coloniale diminuée !

La situation actuelle, pleine d'équivoque, c'est vous qui l'avez créée, Républicains conservateurs, ce sont vos allées et venues de droite à gauche et de gauche à droite qui ont prolongé l'incertitude qui pèse sur la France depuis quatre ans !

C'est cette équivoque que nous, républicains, voulons faire cesser dans le pays à l'approche des élections générales.

La situation est critique, car s'il y a d'anciens monarchistes, convertis loyalement à la République, il y en a d'autres, et ce ne sont pas les moins habiles, ni les moins dangereux, qui, par leurs fallacieux discours et leurs menées hypocrites, essayeront d'enlever les suffrages. Ce sont ceux-là qu'il faut démasquer.

Cependant qu'on le sache bien ; nous, républicains, nous n'aborderons pas la lutte électorale avec un étroit esprit d'exclusivisme, nous tendrons la main à ceux qui sont convertis franchement à la République, mais nous exigerons d'eux des déclarations précises, un programme défiant l'équivoque.

Certes, la République n'est pas une église ouverte seulement à quelques sectaires, elle a ce grand caractère d'être pacifiquement et irrésistiblement conquérante ; mais est-ce une faute que d'être prévoyant et de chercher à connaître, parmi les nouveaux convertis, les bons et les hypocrites ? Si l'on n'agit pas ainsi, ne faut-il pas craindre que des républicains se donnent des royalistes pour représentants ; qu'il s'établisse un jour une coopération mutuelle entre des hommes qui lutteront demain entre eux ?

D'ailleurs, nous savons pertinemment que les républicains-conservateurs ne sont pas tous de bonne foi. Qu'est devenue et combien de temps a duré cette majorité du 25 février qui a voté la Constitution, qu'on croyait si compacte et qu'on prétendait indissoluble ! Comment ont-ils justifié les espérances fondées sur ce qu'on appelait leur adhésion à la République ? Les alliés de la veille étaient devenus les adversaires résolus du lendemain.

La défection a grandi. Témoin le vote sur le scrutin de liste : en deuxième lecture, la majorité contre les républicains fut de 31 voix ; en troisième lecture, la même majorité se trouvait portée à 80 voix. Cet exemple, choisi entre beaucoup d'autres, suffit. Ces orléanistes de mauvaise foi se sont couverts du nom de républicains conservateurs, comme d'un masque, pour perdre plus sûrement la république. Ils ont soutenu M. Thiers, tant qu'ils ont cru qu'il préparait le retour de MM. d'Orléans au trône; mais du jour où il est venu affirmer que la République était le gouvernement légal de la France, et que vouloir autre chose serait vouloir la révolution la plus terrible de toutes, de ce jour, ils ont juré sa chute qui arriva en effet six mois après.

Si vous examinez les agissements de ces gens quand ils veulent briguer vos suffrages, vous constatez d'abord qu'ils se font humbles et petits devant vous; ils vous saluent, vous donnent des poignées de main, vous sourient comme à des amis, mais après ils ne vous connaissent plus. Sous l'empire, ils vous méprisaient, citoyens, vous n'alliez pas les chercher, actuellement vous êtes la force, il leur faut votre vote, car, sans cela, ils ne seraient rien dans l'État, ce qui les chagrinerait beaucoup, et alors ils rampent auprès de vous.

Maintenant, écoutez leurs discours : c'est généralement le soir, à la brune, après souper, vous reposant du travail de la journée, que vous voyez rentrer ces prototypes chez vous. Ils s'informent confidentiellement de votre santé, de vos affaires; vous parlent de la récolte, de la pluie, du beau temps, et insensiblement ils vous mènent sur le terrain de la politique. Ils font l'éloge de M. Thiers qui était leur chef autrefois mais qu'ils étrangleraient volontiers aujourd'hui, car c'est un rallié de bonne foi, et dans son discours d'Arcachon il avertit le peuple de ne pas craindre de nommer des hommes franchement et sincèrement républicains, des hommes sur le compte desquels le doute n'est plus permis. Ils disent que l'emprunt a été extraordinaire, que le Prussien est humilié de voir que la France se relève, qu'il est urgent de conserver la République puisqu'elle existe, qu'il ne faut pas changer de gouvernement tous les quatre matins, que cette forme de gouvernement en vaut bien une autre, qu'ils ont toujours été républicains *de cœur*.

Ils ont de la mémoire, et ils vous récitent les nouvelles qu'ils ont lues le matin dans leur journal. Leur figure est un reflet fidèle de la bonne ou mauvaise humeur que pouvait avoir le journaliste en écrivant son article. C'est plus facile et plus expéditif que de se faire une idée sienne sur un sujet donné, et de se creuser la tête à trouver la vérité.

Réunissez-en plusieurs ensemble : pas le moindre nuage dans la conversation, pas la plus petite contradiction, pas l'ombre d'une discussion, ils s'admirent mutuellement, et si par hasard ils luttent, c'est à qui récitera le mieux. Et puis après, ils se frottent les mains en manière de contentement, et, douce et innocente illusion ! ils se croient de grands hommes !

Je n'en ai jamais rencontré un seul qui ne m'ait dit qu'il avait toujours été plus républicain que moi, et avant moi, même en ayant signé des adresses de félicitation à l'empereur, même en ayant été plébiscitaire, même en ne voulant pas du suffrage universel, même en ayant refusé des services à la patrie en danger, des dons aux blessés et pour la libération du territoire, même en rejetant l'organisation d'un bureau de bienfaisance, et le buste de la République dans les mairies.

Seulement, disent-ils, il y a deux sortes de républiques, la bonne et la mauvaise, et qu'alors ils sont de la bonne. Vous sentez que la bonne sera celle qui les enverra aux différents conseils, à la chambre des députés et qui assurera des places à leurs enfants, petits-enfants, enfin à toute leur famille, eux, qui avant de faire de la politique, ont suivi le principe de Guizot en s'enrichissant d'abord, pour faire ensuite partie des classes dirigeantes. Leur libéralisme va jusqu'à dire : Arrière, la nouvelle couche sociale, celle du talent et de l'avenir ! vous n'avez pas 5,000 livres de rente, faites vos affaires, vous ne devez pas vous occuper de la politique ! comme si la politique n'était pas les affaires de tous les citoyens ! Quant à nous, républicains endurcis, nous ne sommes que des démagogues, nous nous agitons sous tous les régimes ; depuis 80 ans nous n'avons fait que renverser les gouvernements et surtout celui de ce bon roi Louis-Philippe, l'homme au parapluie, l'avare, le protecteur des usuriers et des justiciers ! C'est nous aussi qui avons renversé ce pauvre empereur, brave homme, pas méchant, nous qui avons précipité l'armée, la gloire, l'honneur de la France, dans le gouffre de Sedan !

Méfiez-vous, citoyens, de ces pseudo-républicains qui n'ont dans la bouche que des mots de sagesse et de modération, comme s'ils avaient acheté la sagesse pour la monopoliser. Ils sont modérés, car ils se sentent vaincus et voudraient revenir au pouvoir aux prochaines élections. Seulement nous connaissons l'histoire, messieurs les modérés, nous savons fort bien que l'attentat du 18 brumaire n'a pu être consommé par Bonaparte qu'à cause de la faiblesse et de la mollesse des partisans de Philippe-Egalité qui travaillait pour son compte ; nous savons fort bien que si le troisième Bonaparte a pu faire son coup d'État au 2 décembre, c'est que les orléanistes peu nombreux à la Constituante avaient pu rentrer en grand nombre à la Législative sous l'étiquette de républicains conservateurs ; et qu'en cherchant à escamoter la république à eur profit par la mutilation du suffrage universel dans la loi du 31 mai, ils formèrent un prétexte au coup d'État qu'ils eurent la lâcheté de laisser s'accomplir sans protestation. Vainement les républicains appelaient le peuple qui ne voulut pas se lever pour défendre des députés qui avaient voulu lui enlever le suffrage universel. Mais ils furent à la curée pour les places et pour sanctionner l'œuvre de Napoléon III en le proclamant le sauveur de la société.

Ces gens-là n'ont qu'un talent, c'est de vous glisser tout doucement des calomnies contre les républicains, et ils ne veulent qu'une chose, redevenir les maîtres pour supprimer le suffrage universel qui les épouvante, et pour vous mettre à nouveau le pied sur la gorge.

Ils parlent de conciliation et de modération. Et cependant ont-ils suivi les républicains, lorsque ceux-ci ont vainement réclamé l'amnistie? C'eût été l'acte suprême de conciliation, il eût effacé les dernières traces de nos discordes civiles.

Sont-ils modérés, lorsqu'ils livraient l'éducation de l'enfance au clergé, les hautes études aux jésuites, et mutilaient le suffrage universel?

Sont-ils honnêtes et modérés, lorsqu'ils traitent les vrais républicains de *partageux*, lorsqu'ils agitent devant les gens de la campagne le *spectre rouge;* lorsqu'ils rejettent sur les républicains les incendies de la Commune, où leurs alliés, les bonapartistes, ont une bonne part?

Sont-ils modérés, lorsqu'ils calomnient les républicains en disant que les radicaux sont des assassins? lorsque, en haine de la République, ils laissaient le pouvoir à l'aventurier de Strasbourg, lorsqu'ils applaudissaient aux massacres de la rue de la Paix, aux déclarations mensongères des Gramont et des Ollivier? et fermaient l'oreille aux sages conseils et aux prédictions de M. Thiers?

Ah! votre prétendue modération a pris naissance dans votre hypocrisie et dans votre envie d'occuper le pouvoir ; elle nous a amené la suppression de la liberté, des violences et des crimes!

Ah! sans doute, c'est par modération et sagesse que vous avez renversé M. Thiers, fait le 24 mai, et jeté la France dans le septennat personnel ou impersonnel, comme vous voudrez, c'est-à-dire dans l'équivoque! L'amour de la République est si grand chez vous, républicains conservateurs, que par tous les moyens possibles vous avez essayé d'en retarder l'établissement.

C'est aussi par modération que vous vous êtes emparés de toutes les places; car je vous confonds avec les orléanistes, et certes vous en êtes.

Étrange modération, en vérité, que la vôtre! Si, au contraire, je cherche la vraie modération, c'est chez les républicains que je la trouve, chez ces hommes que vous accusez de violence et de folie et que vous avez été heureux de trouver.

Pauvres républicains, cela a été toujours votre héritage, d'avoir à réparer les fautes de vos calomniateurs ! Vous avez été persécutés sous tous les régimes, proscrits, honnis dans la société ; vous avez sacrifié fortune et affections, et, lorsque l'heure du sacrifice à la patrie a sonné, vous êtes sortis des prisons, revenus d'exil, et votre premier acte a été d'oublier vos souffrances et les noms de vos bourreaux ! Pour contenir en repos la France républicaine, frémissante à l'annonce d'une restauration monarchique, vous avez excité les citoyens au respect de la loi, aussi mauvaise qu'elle pourrait être, vous avez fait toutes les concessions pour obtenir un gouvernement défini, et vous avez voté la constitution que l'on connaît !

Avez-vous eu, ô conservateurs, la moitié de patience et de modération que nous avons toujours su montrer dans cette *République sans républicains ?* Non, certes, nous vous avons vu au pouvoir et nous savons qui vous êtes !

Nous sommes plus sages et plus modérés que vous ; nous obéissons aux lois, à la discipline républicaine, et nous avons sacrifié au salut de notre chère patrie nos impatiences les plus légitimes, et nous ne nous plaignons pas de voir l'administration de la République aux mains des royalistes ; nous savons attendre ; patience et résignation, tel fut notre mot d'ordre !

O pseudo-républicains, ne nous prenez pas pour dupes, nous connaissons vos raisonnements, nous savons que vous connaissez les conduits ténébreux qui mènent aux entrailles du monde officiel !... Nous savons que vous avez étudié les égouts du cœur humain ! nous savons que, quand nous, républicains, nous rêvons un idéal supérieur à la gloire de l'humanité, et que nous voulons son bonheur matériel et intellectuel par la mise en application de nos principes et de leurs conséquences ; vous, au contraire, petits esprits, ambitieux sans talent, rêvez les hautes fonctions et n'avez pour y arriver que l'hypocrisie, l'envie, l'ingratitude ! Vous croyez peut-être que nous ignorons que, de ces glandes sociales, il ne suinte que des trahisons de Judas ? Vous vous trompez, nous ne l'ignorons pas, nous en avons subi l'expérience.

Devant les électeurs, vous allez vous présenter comme *conservateurs constitutionnels,* vous allez employer les grands mots : de péril social, d'hydre révolutionnaire, de passions démagogiques. Vous parlerez bien de République, de ce gouvernement qui nous divise le moins, mais vous aurez bien soin de ne pas accentuer votre profession de foi, de ne pas définir nettement votre programme. Vous direz aussi que vous faites partie de la ligue des honnêtes gens, que vous voulez barricader la route au radicalisme grandissant, mais vous ne direz pas où vous voulez-nous conduire.

N'ayez crainte, vos artifices de langage ne nous suffisent plus, il nous faut des actes. Nous n'irons pas introduire le loup déguisé en mouton dans la bergerie, nous connaissons le mal qu'il y ferait, et nous ne vous enverrons pas à la Chambre, comme républicains, travailler à une restauration monarchique, ou la laisser faire sans protestation.

La fin de l'équivoque est arrivée! La réponse du pays va la proclamer. Le pays, désirant la République, nommera des députés réellement républicains et non des monarchistes déguisés.

LES RÉPUBLICAINS

ET LE GOUVERNEMENT DE LA RÉPUBLIQUE

Le gouvernement républicain est celui où le peuple a la souveraine puissance; en d'autres termes, c'est celui où le peuple se gouverne lui-même, au moyen de ses mandataires, selon la volonté du plus grand nombre et en observant la loi des majorités.

Rien ne semble plus logique et plus rationnel que cette définition dans un pays de suffrage universel; mais que d'efforts, que de labeurs pour arriver à la reconnaissance de ce droit de suffrage!

Lisez l'histoire, et vous constaterez le nombre considérable des martyrs de la liberté et de la revendication des droits de justice et d'égalité pour tous les hommes! Ces chercheurs de moyens destinés à améliorer le sort de l'humanité, ces enthousiastes, ces fous adeptes de la science, de la philosophie et de la raison, de la liberté et du progrès, ont été calomniés, persécutés, fusillés et proscrits! Ces hommes étaient des républicains, et ce qui les a rendus et les rendra toujours invincibles, c'est que, persuadés qu'ils possédaient la vérité, ils n'ont jamais désespéré de leur cause! Et pour tous ces efforts, qu'ont-ils demandé? le bonheur du peuple, le gouvernement de la République.

Vous me demanderez ce qu'a fait la République; je vais vous le dire.

Vers la fin du siècle dernier, lorsque la monarchie de droit divin s'écroula, ainsi que tout le monde social, elle fit plus, à son enfante-

ment, pour la dignité humaine, que la monarchie en quatorze siècles.
Elle supprima les classes, les priviléges, reconnut l'égalité de tous les
citoyens, établit le droit égal de tous les enfants à la succession du
patrimoine de leur père, ce qui amena la division du sol.

A son berceau elle trouve la guerre déclarée à l'Europe, et pour
toute ressource une administration entièrement détruite ! C'était la
liberté qu'elle avait alors à défendre, c'était le retour à l'ancien monde
qu'elle voulait empêcher ! Elle leva quatorze armées, et nos soldats, en
haillons, sans souliers, en chantant la Marseillaise, repoussaient hors
du territoire les ennemis coalisés de la France. C'est la lutte la plus
terrible et la plus grande dont l'histoire fasse mention ; c'est elle qui
nous a sauvés de l'invasion étrangère. Tout ce qu'il y a de bon et de
grand, elle l'essaya et le tenta pendant une période régulière de douze
années. Les premières victoires de Bonaparte sont celles de la République et lorsque l'usurpateur du 18 brumaire lui mit le pied sur la
gorge, elle apparaissait resplendissante aux yeux de l'Europe émer-
veillée. La paix d'Amiens, faite pendant le Consulat, nous maintenait
les frontières du Rhin !

En 1830, ce sont encore les républicains, qui, toujours à la peine, ne
furent pas à la gloire ; mais leurs idées prévalurent en partie : la France
reçut plus de libertés, et en 1848, lorsque le trône de la monarchie
constitutionnelle fut laissé vacant par la fuite du roi Louis-Philippe, la
république devint le gouvernement de la France. Elle décréta le suffrage
universel, et l'abolition de l'esclavage. A sa proclamation, les trônes
de l'Europe tremblèrent, tant son souffle est puissant ! une agitation
universelle éclata, tant ont de retentissement les idées de justice et de
droit ! Elle semble ne pas travailler pour un seul coin de terre, elle
éclaire de son flambeau tout l'univers.

En 1849, elle se livra au second Bonaparte qui l'étouffa et conduisit
la France dans les folles aventures que vous connaissez.

En 1870, elle reparaît. Elle ramasse le pouvoir tombé dans la honte
et dans la boue ; elle continue la lutte si follement commencée, et là
encore elle fait des efforts qui tiennent du prodige pour sauver l'honneur de la France. Elle rend un moment la victoire chancelante, et
lorsque, abattue, sans ressources, elle signe la paix, elle se trouve aussitôt devant la plus formidable des insurrections, qui aurait emporté
dix monarchies. Puis en moins de deux ans, par la toute-puissance de
l'idée républicaine, elle rend à la France l'honneur, le travail et le
crédit. Rien peut-il en effet remplacer le sublime élan d'un peuple
libre et fier qui veut se régénérer et se sauver lui-même ?

Voilà ce que fit le gouvernement républicain à différentes époques ; toujours liquidateur des fautes des despotes ! il marque toujours son avénement par des mesures de justice et d'humanité ! Qu'ils se montrent ceux qui disent que la République cause les malheurs de la. France, et surtout qu'ils le prouvent !

Quels reproches peut-on adresser à la République ? Nos adversaires .disent qu'elle n'est pas mûre en France ; ils reconnaissent volontiers l'excellence de nos principes, et nous dénient le pouvoir de maintenir l'ordre.

D'abord, dans un pays de suffrage universel, le seul gouvernement logique, fatal, indispensable est la République : élections partout, à la base comme au sommet de l'échelle administrative. De plus, sommes-nous dans une époque où une famille puisse prétendre occuper la place d'un peuple ? où la naissance tient lieu de talent ? ne savons-nous pas, que pour bien faire les affaires, il faut les faire soi-même ?

Nous ne sommes plus au temps où l'on osait compter, parmi les moyens d'assurer la puissance des lois, sur un homme que l'on croyait une espèce de divinité.

Vous parlez d'ordre ? Dans une nation où règne l'égalité, la liberté, il faut peu de force pour contraindre les individus au respect des lois, à l'obéissance. La force réelle est la nation elle-même, l'intérêt de tous l'emporte sur les intérêts particuliers, et personne ne peut se soustraire à la loi. Les ennemis de l'ordre sont les prétendants, les intrigants. Et puis, c'est bien à vous de parler d'ordre, lorsque vous nous laissez toujours le gouvernement et la nation dans le plus complet désarroi !

Dans le gouvernement républicain, il règne une grande solidarité entre les citoyens : Un pour tous, tous pour un, telle est la devise de la Suisse, et telle est celle de toute république.

Si la démocratie est le moi par le moi avec ses conséquences de justice et de liberté, c'est-à-dire si vous êtes vous par vous-même au point de vue de vos intérêts particuliers, ce principe s'étend aussi aux affaires de l'État, si vous votez bien, vous vous trouverez bien. Le bulletin de vote est le moyen avec lequel vous éviterez les désastres et ferez votre bonheur ainsi que celui de la nation.

Les idées démocratiques, c'est-à-dire les idées d'égalité dans la liberté, s'implantent dans toutes les nations. C'est un courant irrésistible, nié seulement par quelques-uns, c'est peut-être le plus permanent que l'on connaisse dans l'histoire. Comme le flot va toujours en grandissant, on voit bientôt les hommes qui d'abord les combattaient, faire tous leurs efforts pour les mettre à exécution ou pour contribuer aux succès.

Ce développement graduel de l'égalité des conditions est un fait, pour ainsi dire, providentiel : il est universel, durable, échappe à ceux qui voudraient l'arrêter. S'il subit un temps d'arrêt, il reprend bientôt avec plus de force ; si vous lui opposez un obstacle, il le brise. C'est ce mouvement égalitaire qui a détruit la féodalité, a vaincu les rois, et qui se trouve aujourd'hui en face de la bourgeoisie et des quelques puissants qui possèdent encore quelques monopoles. Il s'est accru de toute la force que ses adversaires ont perdue ; et sûrement il restera victorieux, à moins que la bourgeoisie, en consentant à une alliance intime avec le prolétariat, ne fasse disparaître elle-même les causes de désunion.

Voici ce qu'écrivait Alexis de Tocqueville dans son beau livre *De la Démocratie* :

« Si de longues observations et des méditations sincères amenaient
« les hommes de nos jours à reconnaître que le développement gra-
« duel et progressif de l'égalité est à la fois le passé de l'avenir de leur
« histoire, cette seule découverte donnerait à ce développement le ca-
« ractère sacré de la volonté du souverain maître. Vouloir arrêter la
« Démocratie paraîtrait alors lutter contre Dieu lui-même, et il ne res-
« terait aux nations qu'à courber la tête........
« Il faut une science politique nouvelle à un monde tout nouveau. »

Plus loin il ajoute :

« Il n'y a pas de peuple en Europe où les progrès de la grande ré-
« volution sociale aient été plus rapides que chez nous.
« Mais jamais les chefs de l'État n'ont pensé à rien préparer d'avance
« pour elle ; elle s'est faite malgré eux et à leur insu. Les classes les
« plus puissantes, les plus intelligentes et les plus morales de la nation
« n'ont point cherché à s'emparer d'elle afin de la diriger. La Démo-
« cratie a donc été abandonnée à ses instincts sauvages ; elle a grandi
« comme ces enfants privés de soins paternels qui s'élèvent d'eux-
« mêmes dans les rues de nos villes et qui ne connaissent de la société
« que ses vices et ses misères. On semblait ignorer son existence, quand
« elle s'est emparée à l'improviste du pouvoir. Chacun alors s'est sou-
« mis avec servilité à ses moindres désirs; on l'a adorée |comme

« l'image de la force; quand ensuite elle se fut affaiblie par ses
« propres excès, les législateurs conçurent le projet imprudent de la
« détruire au lieu de chercher à l'instruire et à la corriger, et, sans
« vouloir lui apprendre à gouverner, ils ne songèrent qu'à la repousser
« du gouvernement. »

Nous sommes loin de 1848, les idées ont encore marché, et la démocratie a aujourd'hui un grand nombre d'hommes capables de gouverner.

C'est en vain qu'entre la démocratie et la démagogie nos adversaires voudraient établir une confusion perfide. Il ne peut pas y avoir de révolution possible avec le suffrage universel, ni de désordre, ni d'agitation. Les bulletins déposés dans l'urne remplacent les pavés des anciennes barricades.

Avez-vous entendu parler de démagogie en Suisse, aux États-Unis, et vous voudriez que chez nous, lorsque le paysan et l'ouvrier croient voter, ce soit une occasion de désordre? L'action si simple et si juste de déposer un bulletin dans une urne et d'indiquer sa volonté, dans un pays démocratique, vous paraîtrait-elle une action séditieuse? Il ne peut y avoir de démagogie dans un pays où l'égalité des droits de chacun est garantie par la liberté de tous.

Ce qu'il y a de bien certain, c'est que le peuple aspire à la vie politique, c'est qu'il est jaloux de ses droits, l'ami de ceux qui les soutiennent et l'ennemi naturel de ceux qui veulent les mutiler et les annihiler, et qu'après s'être comparé à ses anciens maîtres, il se sent plus digne et aussi capable qu'eux.

Dans la lutte, nos adversaires sont tombés épuisés, corrompus ; et s'ils ont été envoyés à la Chambre, c'est *en un jour de malheur*, comme a dit un de leurs ministres, où le peuple, oubliant ses droits, ne pensait qu'à la paix. Ah! messieurs les monarchistes, vous représentez le passé, l'erreur ou le mensonge, la nuit... Nous, c'est l'avenir, le progrès, la civilisation, l'aurore libératrice! En avant les travailleurs, les défenseurs de la justice! Place, place aux nouvelles couches sociales.

Dans la lutte électorale qui va s'ouvrir, ils chercheront à vous faire peur avec le mot de radicalisme ; ils en parleront, mais ils se garderont bien de vous l'expliquer ; ils s'empareront de ce fantôme et chercheront à semer l'épouvante.

Qu'est-ce donc qu'un républicain radical?

Le républicain radical est celui qui, dans la solution des problèmes sociaux, s'appuie uniquement sur les principes et ose en tirer toutes les conséquences.

Avec lui point de compromis, point de transactions, c'est la *vérité démontrée* qu'il recherche, il veut qu'on lui rende justice en la proclamant.

Le radical est toujours sur la brèche, il y reste tant qu'il y a des abus à déraciner et des imposteurs à démasquer. Son but est la recherche et l'application de la vérité, de la liberté partout, de la justice toujours.

Il veut la République avec des républicains et non une république sans républicains; il veut l'instruction répandue partout, il veut le service militaire obligatoire pour tous sans exception, même déguisée; il veut que l'immortelle devise : liberté, égalité, fraternité, solidarité ne soit plus un vain mot.

Qu'a d'étrange ce programme? je vous le demande? Ne peut-on pas être radical sans craindre vos railleries et vos calomnies, messieurs les monarchistes?

Ce qu'ils sont, Louis Blanc vous le dit en deux lignes : Les radicaux sont les vieux démocrates qui constituent l'avant-garde du grand parti républicain.

Les Victor Hugo, les Louis Blanc, les Quinet, les Schœlcher, les Gambetta, les Challemel-Lacour, les Paul Bert, etc., et bien d'autres non moins célèbres sont rangés parmi les radicaux! Y a-t-il à rougir de faire partie de cette légion, qui a à sa tête des chefs aussi illustres?

Ce sont les seuls vrais républicains et les seuls vrais conservateurs, car non-seulement ils sont avares des droits acquis, mais encore ils revendiquent continuellement ceux que le peuple doit posséder.

Nos adversaires nous diront encore que nous sommes des *partageux*, que nous voulons le nivellement des fortunes. Mais, imposteurs, vous savez fort bien comme nous que cela n'est pas possible, que l'inégalité des intelligences, du travail existera de tout temps, que le prodigue et l'avare ne pourront conserver la même égalité de biens.

Il leur plaira encore de nous appeler *communeux* alors que c'est nous républicains qui avons terrassé cette formidable insurrection!

Quel spectacle représente aujourd'hui la France : A l'extérieur, elle est respectée, admirée, aimée! lorsqu'elle veut contracter un emprunt de 3 milliards, elle trouve la somme inouïe de 44 milliards, tant est grande la confiance qu'inspire le régime républicain. Jamais emprunt fut-il plus colossal?

A l'intérieur, la paix est assurée, l'ordre est maintenu, le travail et la prospérité renaissent; la France sort insensiblement des ruines et des désastres; la confiance seule serait plus grande si la nation était entre les mains des véritables républicains.

Interrogez les ouvriers qui arrivent des pays, ils vous diront que les travaux ont marché, que les pays d'où ils viennent aiment tous la République, et que l'idée républicaine n'est pas propre seulement aux grandes villes, mais qu'elle s'étend avec une incroyable rapidité et gagne les campagnes.

Nous avons indiqué précédemment le but et les tendances des différents partis, examinons ce que veulent les républicains.

Comme source de tout pouvoir public, ils indiquent le suffrage universel, mais sans aucune restriction; ils veulent que les emplois soient accessibles à tous, que le mérite l'emporte sur la naissance et sur la fortune, que le favoritisme disparaisse.

Ils réclament l'instruction répandue à flots, des écoles dans les moindres hameaux; l'admission à titre égal des enfants du riche et du pauvre, afin de leur apprendre à s'aimer, à s'apprécier, et amener par ce moyen la fusion des classes et l'extinction des haines sociales, que nous a léguées l'instruction cléricale en apprenant aux enfants les distinctions sociales. Il faut que l'instruction soit *gratuite, obligatoire et laïque.*

Lorsque les monarchistes veulent l'impôt du sang restreint, avec privilége de s'en exempter avec de l'argent, les républicains, eux, demandent l'impôt du sang pour tous. La défense du pays est un devoir et les riches à ce titre y sont plus obligés que les pauvres, attendu qu'ils ont plus d'intérêts.

Enfin les républicains veulent toute chose que les monarchistes ne veulent pas, et qui sont les conséquences des principes de justice appliqués à l'égalité et à la liberté : — Garantie de la liberté individuelle; abolition des priviléges ecclésiastiques, séparation de l'Église et de l'État, c'est-à-dire l'Église libre dans l'État libre; suppression des monopoles industriels et commerciaux; égalité devant la loi; pleine liberté de conscience; droit de réunion et d'association; liberté de la presse; liberté municipale, c'est-à-dire le droit à la commune de choisir son maire, publicité de toutes les délibérations administratives; la justice rendue gratuitement; magistrature élue; réformes des codes. — Droit de paix et de guerre laissé à la nation. — Changement d'assiette de l'impôt, établissement de l'impôt sur le revenu; abolition de la peine de mort, etc.

Si vous comparez ce programme à celui des monarchistes, vous trouverez d'un côté : égoïsme, inégalité, oppression ; de l'autre : désintéressement, respect des droits de tous, amour de la justice et de la liberté.

Et si, maintenant, dans l'édifice que nous voudrions voir élever, nous apercevons plus tard quelque addition à faire, nous nous empresserons de nous mettre à l'œuvre, semblables en cela au propriétaire vigilant qui veille à réparer assidûment et à consolider sa maison, avant que l'injure du temps l'ait complétement lézardée et que l'écroulement ait lieu.

Voilà, braves paysans, ce que réclame la France, car la République, pour exister, a besoin de s'appuyer sur des institutions conformes à sa nature. C'est elle seule qui peut relever notre patrie ; elle ne poursuit qu'un but : rendre les hommes plus instruits, plus heureux et meilleurs, elle seule peut créer, sur les bases de la dignité personnelle et de la solidarité générale, une nation fière, unie, invincible, et libre !

CONCLUSION

Depuis trop longtemps, braves paysans, on a abusé de votre confiance et de votre bonne foi. Cela a coûté cher à la France. Que les
leçons du passé vous servent ; conservez la république, vous en êtes les
maîtres. C'est elle, en somme, qui vous a fait ce que vous êtes, c'est
elle qui vous a rendus propriétaires, c'est elle qui vous a donné ce bulletin que vous irez déposer dans l'urne. Comparez votre situation à celle
de vos ancêtres, même à celle de vos pères, et persuadez-vous bien
que c'est aux hommes de progrès, aux républicains que vous êtes rede-
vables de l'amélioration de votre bien-être.

Votez en masse pour des députés sincèrement républicains, et vous
aurez la paix, la tranquillité, la prospérité et la sécurité du lendemain,
choses que n'ont jamais pu vous donner les rois et les empereurs.

Sachez que si vous voulez la résurrection de la France, il vous faut
raisonner vos élections.

Pour cela, dites-vous bien que la république est le salut de la France,
que vous voulez la fin de l'équivoque qui pèse sur votre patrie, et que
de même qu'on ne peut pas faire d'omelette sans œufs, de même on ne
peut faire une république sans républicains.

Je vous dirai donc : « Ne craignez pas de nommer des radicaux ;
méfiez-vous des artifices de langage ; choisissez des hommes dévoués
à la république et, comme l'on ne saurait être trop prudent, nommez
des hommes dont le passé républicain réponde de l'avenir. »

FIN

Imprimerie Eugène Heutte et Cᵉ, à Saint-Germain

9 782013 355681